manual para soñar

Alcanza tus sueños

V&R
EDITORAS

Título original: *Manual para soñar*
Dirección editorial: Marcela Luza
Edición: Margarita Guglielmini con Nancy Boufflet
Armado: Nai Martínez

© Texto: Cristina Núñez Pereira y Rafael R. Valcárcel
© Ilustraciones: Los derechos morales de las ilustraciones pertenecen
a sus respectivos autores.
© Diseño de cubierta e interiores: Leire Mayendía
© 2014 Palabras Aladas, España

© 2018 Vergara y Riba Editoras, S. A. de C. V.
www.vreditoras.com

México:
Dakota 274, Colonia Nápoles
C. P. 03810 - Del. Benito Juárez, Ciudad de México
Tel./Fax: (52-55) 5220-6620/6621 • 01800-543-4995
e-mail: editoras@vergarariba.com.mx

Argentina:
San Martín 969 piso 10 (C1004AAS) Buenos Aires
Tel./Fax: (54-11) 5352-9444 y rotativas • e-mail: editorial@vreditoras.com

Primera edición: noviembre de 2018

ISBN: 978-607-8614-09-7

Impreso en México en Editorial Impresora Apolo, S. A. de C. V.
Centeno 150, local 6, Granjas Esmeralda, Iztapalapa,
C. P. 09810, Ciudad de México.

Las veintiocho personas que aparecen en este libro son tan reales como tú, aunque la mayoría de ellas haya vivido en épocas anteriores a esta. Sin embargo, más allá del año en que nacieron, todas tienen algo en común: el gran sueño que enriqueció sus vidas anidó en sus corazones y en sus mentes durante la infancia. Y todas lo identificaron, lo cuidaron y lo alimentaron hasta que lo hicieron realidad.

Si te haces las preguntas adecuadas, tú también averiguarás cuál es tu sueño: el que te hará vivir una larga y maravillosa aventura.

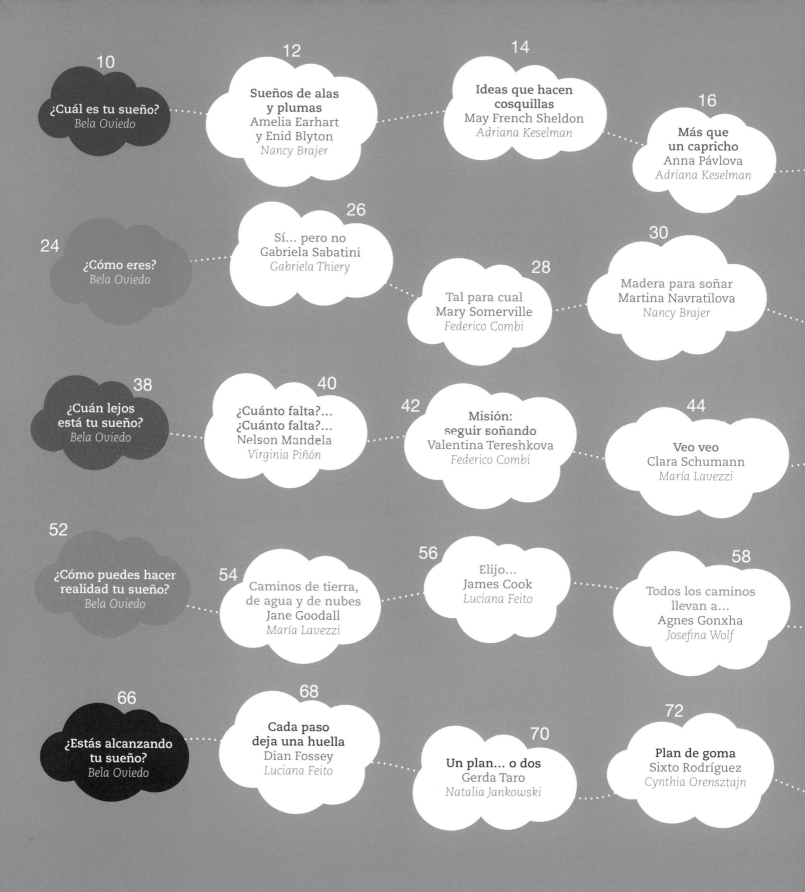

Manual para soñar

Textos: Cristina Núñez Pereira y Rafael R. Valcárcel

manual para soñar

Entrénate para soñar

¿CUÁL ES TU SUEÑO?

Sueños de alas y plumas

Algunas personas sueñan con alcanzar la Luna. Otras desean no abandonar nunca el bello rincón donde nacieron. Hay quien quiere ser artista y hay quien ama la aventura. Todas las personas son diferentes. Y cada una tiene su propio sueño.

Amelia y Enid

Amelia era una niña aventurera y audaz. Trepaba a los árboles, se deslizaba en trineo… A los diez años vio un aeroplano por primera vez. Con el tiempo, su sed de aventuras se concretó: sería piloto.

Enid, en cambio, adoraba la literatura y la música. Lo que más le gustaba era escribir e inventarse mundos y aventuras. A los trece años, participó en un certamen de poesía y desde entonces no dejó de escribir.

....

Amelia Earhart cruzó el Atlántico pilotando un avión en 1933. Fue una de las primeras personas en hacerlo. Y ya nunca dejó de volar. **Enid Blyton** escribió cientos de libros infantiles que aún hacen las delicias de los niños en decenas de idiomas.

¿Los sueños de las personas que te rodean son distintos o se parecen? Pregunta a tu familia y a tus amigos. Seguro que en pocos días puedes hacer una lista de más de diez sueños.

Ideas que hacen cosquillas

A veces, una idea, un proyecto o un deseo anida en nuestra cabeza. ¡Cómo me gustaría ser chef! ¡Yo quiero viajar a la selva! Me encantaría bucear entre peces de colores… Pensar en hacer realidad esos proyectos nos hace cosquillas en el alma.

May

May siempre soñó con viajar al corazón de África. En sus tiempos, cuando gran parte del continente seguía envuelto en misterio, conseguirlo era dificilísimo. Además, ella quería viajar sola y organizar la expedición a su manera.

....

May French Sheldon demostró al mundo que una expedición podía ser pacífica y amigable. En 1891 alcanzó las nevadas tierras del Kilimanjaro. Iba acompañada de más de cien hombres que porteaban sus delicados objetos personales. Ella respetaba a sus acompañantes y se preocupaba por su bienestar. Tanto que ellos la llamaban cariñosamente 'la Reina Blanca'.

¿Con qué sueñas tú? Quizá con aprender a patinar. ¡O con escalar una montaña! Puede que con escribir un diario… Túmbate boca arriba, cierra los ojos y deja volar tu imaginación. Luego, anota todos esos sueños en un papel bonito.

Más que un capricho

Si hoy deseas ser pianista y mañana ya no, quizá es que era tan solo un capricho. Cuando quieres algo de verdad, ese sueño perdura en el tiempo con la misma intensidad o más.

Anna

Desde que fue a ver el *ballet* de *La bella durmiente,* Anna supo que quería ser bailarina. Por eso, intentó ingresar en la Escuela del Ballet Imperial, pero no la aceptaron porque solo tenía ocho años. No obstante, Anna tuvo paciencia y constancia. Dos años después, fue admitida.

....

Anna Pávlova bailó en los teatros más prestigiosos de todo el mundo y siempre dejó admirado al público, porque hasta el salto más sencillo lo hacía con precisión y belleza.

¿Cómo saber si eso que deseas hoy es realmente tu gran sueño?
Escribe en un papel las tres cosas que más te gustaría hacer y guárdalo en un sobre. Mañana, sin abrir ese sobre, haz una lista nueva y guárdala en otro sobre. Repite esta operación durante diez días. Después, abre todos los sobres. Es posible que el deseo que se repita más veces sea tu sueño especial.

Tuyo, tuyo y solo tuyo

Puede ocurrir que nuestro sueño sea, en realidad, el deseo de otra persona, que influye en nosotros. Puede que creamos que sus elecciones son mejores. O puede que temamos no ser aceptados por soñar cosas distintas. Uno solo sabe cuál es su sueño si escucha sus propios pensamientos. Cosa que algunas personas hacen constantemente, incluso mientras cumplen con sus obligaciones.

Victoria

A Victoria, antes de imaginar qué quería ser de mayor, le dijeron que su obligación era ser reina. Y mientras la educaban para gobernar, supo que su gran sueño era convertirse en una soberana ejemplar.

....

Victoria I del Reino Unido gobernó con bondad y firmeza durante 63 años. Fue amada y admirada por los ingleses y por todos los pueblos que la conocieron.

¿Tu sueño es realmente tuyo? Imagina que todas las personas, por arte de magia, piensan igual que tú. Les gusta tu deporte favorito, tu postre favorito, tu canción favorita. Sí, además, sueñan con lo mismo que tú. Y si su sueño es el mismo que tú tenías antes de este ejercicio, entonces ese sueño es tuyo, tuyo y solo tuyo.

Macedonia de emociones

Pensar en cumplir un deseo nos hace sentir esperanza, ilusión y quizá nerviosismo. Pero solo los sueños que son nuestros de verdad nos producen esa excitante mezcla de emociones. Si lo que sientes es agobio, estrés o miedo…, probablemente estás soñando el sueño de otro.

Agnes

Desde niña Agnes se dedicó a su gran sueño: la música. Con seis años empezó a tocar el piano; con ocho, probó a componer. Luego, le puso voz a personajes de ópera. Cada vez que sale a cantar se encuentra con la alegría.

....

Agnes Baltsa ha emocionado durante muchos años a miles de personas en teatros de todo el mundo. Antes de empezar a cantar la invade la curiosidad intensa de saber si lo va a hacer bien. Con la primera nota, la curiosidad se torna en alegría.

¿Cómo te hace sentir tu sueño? Anota en un papel algo que desees lograr el último día de esta semana. Por ejemplo: tocar una melodía nueva en el xilófono, ganar una partida de ludo, cocinar un pastel. Anótalo en un papel y guárdalo bajo la almohada. Todas las noches, léelo y escribe debajo qué sientes al pensar en ello.

Aderezo para un sueño

Para cuidar bien un jardín se necesita constancia. Para ser socorrista no viene mal un poquito de resistencia. ¿Y para hacer malabares? Sin duda, coordinación. ¿Para cocinar postres increíbles? ¡Creatividad! Como ves, para realizar una actividad y disfrutarla son necesarias algunas cualidades.

Jeannie

En cierta ocasión, los productores de una película necesitaban rodar una escena difícil: una niña bajando un camino a lomos de un caballo desbocado. Debía parecer que el caballo estaba fuera de control y la niña muerta de miedo. Se lo pidieron a Jeannie, que tenía nueve años y era la única del lugar que montaba lo bastante bien para hacerlo. La decidida Jeannie disfrutó muchísimo rodando la escena.

....

Como especialista de cine, **Jeannie Epper** ha ejecutado todo tipo de acrobacias y acciones arriesgadas en más de cien películas. Muy pocas personas se atreverían a hacer su trabajo.

¿Qué cualidades se necesitan para alcanzar tu sueño? Colócate sobre la cabeza cinco libros no muy pesados e intenta ir desde tu cuarto hasta la cocina. Luego, anota qué cualidades has necesitado emplear.

¿CÓMO ERES?

Sí... pero no

A todas las personas les desagrada algo. Es normal. Lo curioso es que, a veces, eso que te desagrada interfiere con aquello que disfrutas. Por ejemplo, alguien a quien le fascina la medicina siente náuseas al ver una gota de sangre. O un sapito de lata, que quiere nadar, pero le aterra que el agua oxide su cuerpo.

Gabriela

Gabriela soñaba con ser una tenista profesional. Para ello, debía ganar muchos campeonatos. Sin embargo, de pequeña, cuando creía que tendría que hablar en público si ganaba, perdía a propósito. Era muy tímida.

....

Gabriela Sabatini llegó a ser una tenista profesional sumamente destacada. Aprendió a concentrarse en el partido, dejando de lado lo que podría suceder después.

¿Con qué disfrutas? ¿Qué te desagrada? Haz una lista con dos columnas. En una, escribe las cosas con las que disfrutas. En la otra, las que te desagradan. Al terminar, verifica si algo de lo que te desagrada te impide realizar alguna de las actividades con las que disfrutas.

Tal para cual

Para un castor es sencillo construir una presa, pero le será dificilísimo cantar con la dulzura de un ruiseñor. Y es que no todos tenemos las mismas cualidades ni los mismos deseos.

Mary

Aunque con diez años todavía no sabía leer, el insaciable deseo de aprender de Mary la hizo soñar con ser científica. Como no pudo recibir una educación formal, se las tuvo que ingeniar para aprender por su cuenta. Con el tiempo, consiguió superar hasta al profesor de matemáticas de su hermano.

....

Mary Somerville llegó a ser una de las científicas más importantes de la historia y fue miembro honorario de la Real Sociedad de Astronomía.

¿Qué se te da bien? Haz una lista con tus habilidades y ordénalas de mayor a menor grado de destreza. Por ejemplo: Menear el *hula hoop* (5), las matemáticas (4), actuar (3), silbar (2), recitar (1). Si conoces tus habilidades, te será más fácil alcanzar lo que deseas.

Madera para soñar

Hay personas que tienen paciencia para armar rompecabezas de muchas piezas. Otras tienen audacia para navegar en un pequeño velero por grandes océanos. Hay personas creativas, capaces de inventar objetos maravillosos como el teléfono o la radio. Cada persona tiene unas cualidades que la hacen única. Y todas, al emplearlas para conseguir lo que desean, demuestran tener madera para soñar.

Martina

Ya de niña, Martina era ágil y veloz. Además, tenía muy buena coordinación. Por eso, se le daban muy bien los deportes. Jugaba al fútbol con los chicos del barrio y también practicaba *hockey* y esquí. Con la ayuda de su abuela, aprendió a jugar al tenis y este deporte se convirtió en su pasión.

....

Martina Navratilova ha ganado muchos títulos como tenista y ha disfrutado de este deporte jugando en todas las modalidades posibles: individual, dobles, dobles mixtos…

De las cualidades que se necesitan para alcanzar tu sueño, ¿cuáles tienes tú? Pide a alguien que esconda tu juguete favorito. Ahora, reflexiona. ¿Qué cualidades vas a emplear para encontrarlo? Si eres paciente, mirarás en cada rincón. Si eres perspicaz, intentarás deducir dónde está…

Difícil, pero no imposible

Vivir en una nube es un sueño difícil de realizar, pero no imposible. Podrías conseguirlo si tuvieses un globo aerostático que se moviese dentro de la nube y siguiese la dirección de esta. O podrías diseñar un globo capaz de producir su propia nube. O… En fin. Siempre hay una manera.

Marta

Marta empezó a cantar en un coro a los cuatro años. Ahí supo que su sueño era dedicarse a la música. Tiempo después, su sueño adquirió otro matiz: ser cantautora independiente. Es decir, libre para elegir qué cantar y cómo hacerlo. Aunque esa libertad entrañase sus dificultades, como no tener el respaldo económico de una productora de discos.

....

Marta Gómez ha obtenido diversos premios internacionales de música. Pero su mayor alegría es ganarse la vida con sus composiciones y emocionar a quienes la escuchan.

▼▼▼▼▼ **?** ▼▼▼▼▼

¿Tu sueño es difícil de realizar? Pinta tu sueño en una hoja grande, lo más bonito que puedas. Cuando lo termines, pégalo en una pared de tu habitación. Cada vez que lo mires, sabrás que tu sueño no es fácil ni difícil de alcanzar. Simplemente ya está ahí, viviendo contigo.

Un sueño es un trampolín

Un gato desea cruzar un río sin mojarse las patitas. Como es ágil, le bastará con ir dando brincos de piedra en piedra hasta llegar al otro lado. ¿Y si es una hormiga la que desea cruzar? Su agilidad no le bastará. Necesitará echar mano de la creatividad y hacerse un barquito con una hoja.

Larisa

A Larisa le encantaba la danza, así que se apuntó a una academia de *ballet.* Un día vio a unas compañeras haciendo ejercicios en el suelo y eso despertó su interés por la gimnasia. Larisa quiso ampliar sus horizontes y emprendió otro reto: ser gimnasta. Como bailarina, ya tenía algunas de las cualidades que iba a necesitar. Pero le faltaban otras.

....

Larisa Latynina es la gimnasta que más medallas ha conseguido en los juegos olímpicos.

Para alcanzar tu sueño, ¿son suficientes tus cualidades? Párate sobre un pie e intenta peinarte. Al mismo tiempo, debes darte golpecitos en la cabeza con una mano y cantar para tus adentros una canción. Si no puedes hacerlo, reflexiona sobre qué cualidades necesitarías emplear para lograrlo.

Un, dos, tres; desaparece de una vez

Todos, en mayor o menor medida, tenemos dificultades para hacer algo que nunca hemos hecho. Por suerte, esas dificultades van desapareciendo a medida que practicamos. Lo indispensable es que nos permitan practicar.

Marta

Cuando era niña, Marta deseaba practicar yudo, al igual que su hermano. Pero como ella veía poco no se lo permitían. En el colegio, durante la hora de deporte, debía permanecer sentada en un banco. Aun así, más adelante, consiguió ser yudoca.

Marta Arce Payno ha obtenido varias medallas en los juegos paralímpicos y muchísimos trofeos en otras competiciones internacionales de yudo.

¿Tienes alguna dificultad que te pueda impedir alcanzar tu sueño? Prueba a hacer el siguiente ejercicio: Si sueles comer con la mano derecha, intenta hacerlo con la mano izquierda —o viceversa— durante todo el fin de semana. Verás que esa dificultad inicial será mucho menor en la cena del domingo.

¿CUÁN LEJOS ESTÁ TU SUEÑO?

¿Cuánto falta?... ¿Cuánto falta?... ¿Cuánto falta?

Me quedan tres meses para actuar en la obra de fin de curso. Me quedan doce años para ser detective. Me quedan veinte días para participar en el campeonato de gimnasia interescolar. ¡Qué suerte, tengo tiempo para practicar!

Rolihlala

Rolihlala nació en una cárcel enorme. Tenía el tamaño de todo un país. Allí, los hijos de los presos soñaban con liberar a sus familias. Rolihlala, en cambio, soñaba con algo mucho más grande: liberar también a los que hacían de carceleros.

....

Nelson Rolihlala Mandela tuvo que vivir encerrado en una habitación durante casi treinta años… preparándose para hacer realidad su sueño. Fue elegido presidente de Sudáfrica en 1994.

¿Qué distancia hay entre tu sueño y tú? Plantéate un reto para el próximo lunes. Quizá hacer una suma larguísima o resolver un acertijo.
Como ya sabes cuántos días tienes para superar el reto, aprovéchalos para practicar. Verás que el lunes disfrutarás intentando superar el reto, porque te sentirás preparado para ello.

Misión: seguir soñando

El hijo del Ratoncito Pérez tiene una misión: conseguir su primer diente. Sale de su casita sin hacer ruido. ¡Bien! Oye los pasos de un ser humano, pero se esconde a tiempo. ¡Estupendo! Llega al cuarto y, a tientas, alcanza la cama. ¡Perfecto! Busca bajo la almohada y consigue el diente. ¡Genial! Antes de salir, no olvida dejar el regalo correspondiente. ¡Misión cumplida!

Valentina

Valentina sintió desde pequeña una gran pasión por el espacio exterior. Quizá soñaba con pisar la Luna o con conocer otros mundos. Con gran entrega, estudió ingeniería y aprendió a saltar en paracaídas. Gracias a esta formación, entró en el cuerpo de entrenamiento de cosmonautas.

....

En su primer vuelo espacial, **Valentina Tereshkova** usó como nombre en clave Gaviota. 'Aquí Gaviota, aquí Gaviota. Veo en el horizonte una raya azul: es la Tierra. ¡Qué hermosa!', dijo por radio.

▾▾▾▾ ❓ ▾▾▾▾

¿Qué metas intermedias pueden mantener vivo tu sueño? Esta semana, construye un castillo pegando trozos de cartón. Cada día, haz solo un piso. Aunque no lo veas terminado hasta el final, seguro que sientes satisfacción viéndolo crecer poco a poco.

Veo veo

Es conveniente mirar alrededor para ver quién nos puede enseñar algo sobre lo que nos gusta. Si nos apasiona dibujar y tenemos un pariente que pinta, sus consejos nos servirán para disfrutar aún más de ello. Sin duda, la persona que nos ayude se sentirá contenta y satisfecha por transmitirnos lo que sabe.

Clara

Para alcanzar el sueño de ser una gran concertista, Clara contó con la ayuda de su familia. Su madre era pianista y cantante. Su padre, profesor de piano. Además, él contrató a los mejores profesores de la época para su hija. Clara comenzó a estudiar piano a los cinco años. A los ocho, compuso su primera pieza musical. Al año siguiente, debutó como pianista.

....

Clara Schumann dio conciertos por toda Europa. Además, se ganó la vida con ello, algo inusual en su época.

¿Con qué ayudas cuentas para alcanzar tu sueño? Haz un esquema donde figuren tus familiares y amigos. Debajo de cada nombre, escribe las habilidades que posee cada uno. Así sabrás a quién acudir cuando necesites saber de esto o aquello.

No estamos solos

No estamos solos en el planeta. Vivimos rodeados de personas y de objetos. Con un poco de perspicacia, encontraremos la forma de que las cosas nos resulten útiles o las personas nos puedan ayudar. Si deseas aprender a nadar, empieza por flotar en la bañera. Si quieres aprender inglés, puedes practicar con un amigo que hable este idioma.

Jacqueline

Jacqueline escuchó el sonido de un violonchelo por primera vez a los cuatro años. Y esa música ya nunca la abandonó. Aprovechando que su mamá era profesora de música, empezó a tomar lecciones de violonchelo con ella.

....

Jacqueline du Pré extrajo pasión, amor, belleza y, sobre todo, alegría de su amado violonchelo. Se la considera una de las mejores violonchelistas de todos los tiempos.

¿Cómo puedes aprovechar la ayuda de tu entorno para alcanzar tu sueño? Ponte un reto: reunir diez tapas de refrescos distintos en menos de cinco días. Piensa primero cómo puedes hacer para obtenerlas o quién te puede ayudar. Si vas a un cumpleaños, intenta conseguir una tapa. Si pasas por una cafetería al regresar del colegio, pregúntale a la persona encargada si te puede regalar alguna...

El sabor de los obstáculos

Para alcanzar cualquier sueño hay que recorrer un camino. Y ese camino, por lo general, tiene obstáculos que lo hacen más entretenido. Ante ellos, la creatividad se activa para hallar una solución satisfactoria. Por eso, gracias a los obstáculos, los logros saben mejor.

Nikola

Nikola nació casi a medianoche, en el transcurso de una tormenta. Con solo tres años, ya sentía fascinación por las chispas y llamaradas que provocaba la electricidad estática en la nieve. Desde entonces, su gran deseo fue idear máquinas que aprovechasen las fuerzas de la naturaleza.

....

Nikola Tesla consiguió iluminar ciudades enteras empleando la fuerza de las cataratas del Niágara. Pero antes de eso, tuvo que superar varias enfermedades, trabajar cavando zanjas y ver cómo ardía su laboratorio.

¿Qué obstáculos hay entre tu sueño y tú? Imagina que eres un superhéroe, con varios superpoderes. Y debes pasar desapercibido entre los humanos. Señala qué obstáculos encontrarías en tu día a día para conseguirlo.

Mil maneras de no pisar un charco

Yendo al cole, un topo se topó un charco. Lo saltó. Siguió andando
y se topó con que la calle estaba en obras. Dio un rodeo. Al poco,
vio que se hacía tarde y echó a correr para llegar a tiempo.

Con frecuencia, nos encontramos con obstáculos que nos ponen a prueba.
Nos hacen buscar soluciones, tener mejores ideas… Y nos regalan
una gran satisfacción cuando los superamos.

Grace

Grace soñaba con ser actriz, pero la pasión de la familia era el deporte.
Aun así, Grace no iba a renunciar a su sueño. Con nueve años empezó
a tomar clases de *ballet* e interpretación… Quería ser una gran estrella.

El dulce rostro de **Grace Kelly** ha hecho las delicias de millones de aficionados al cine.
Solo dejó de actuar para convertirse en princesa.

¿Cómo puedes superar los obstáculos que hay entre tu sueño y tú?
Prepara un pequeño recorrido de obstáculos en casa. Coloca diversos
objetos en el pasillo y sortéalos de distintas formas: a gatas,
de rodillas, dando palmas… Luego anota cómo sorteaste los obstáculos
cada vez: a qué cualidades recurriste, qué te divirtió más, etcétera.

¿CÓMO PUEDES HACER REALIDAD TU SUEÑO?

Caminos de tierra, de agua y de nubes

Sean cuales sean los caminos que haya para alcanzar aquello que deseamos, lo más importante es disfrutar de cada pasito, brazada o aleteo que demos por el camino.

Jane

Jane pasó su infancia y su juventud rodeada de animales, soñando con ir a África y escribir sobre las especies que allí vivían. Para viajar a aquel remoto lugar, analizó todas las opciones que tenía a su alcance.

· ·

En 1960 **Jane Goodall** fue enviada a Tanzania para estudiar, durante seis meses, el comportamiento de los chimpancés en su hábitat natural. Pero ella continúa estirando su sueño: lleva más de cincuenta años ocupada con esa profunda investigación, que cada vez es más rica e interesante.

▼▼▼▼ ❓ ▼▼▼▼

¿Qué caminos conducen a tu sueño? Haz un mapa. Tu sueño está en una montaña en el extremo derecho; tú, en otra montaña en el extremo izquierdo. Entre esas dos montañas, dibuja varios caminos con sus respectivas dificultades.

Elijo...

—¡Me encantaría jugar con esta superpista de carreras!
—De acuerdo, pero tienes que montarla primero.
—Ah, entonces no quiero. Yo solo quiero jugar.

Es extraño, pero es cierto: no siempre estamos dispuestos a hacer algo para conseguir a cambio aquello que deseamos.

James

Cuando aún era un niño, James tuvo que ponerse a trabajar. Fue granjero, tendero, carbonero… Hasta que descubrió cuál era su sueño y puso todo de su parte para hacerlo realidad. Por eso, llegado el momento, no le importó perder el alto rango que había alcanzado en la Marina Mercante con tal de entrar en la Armada Real Británica. Allí empezó en el puesto más bajo.

....

James Cook, entre los años 1768 y 1779, descubrió muchísimas islas al navegar por inmensas áreas del océano Pacífico.

¿Qué estás dispuesto a hacer para conseguir tu sueño? Al otro lado de un inmenso pantano lleno de un barro pegajoso, helado y maloliente, hay una caja envuelta en papel de regalo. ¿Qué sorpresa tendrá dentro? Indica si estarías dispuesto a cruzar el pantano para abrir la caja.

Todos los caminos llevan a...

Si sueñas con ir a la Luna, pero piensas llegar en un bote de vela impulsado por tus soplidos, descubrirás que lo que pretendes es irrealizable.
Sin embargo, puedes llegar a la Luna si pones todo tu empeño en ser un gran astronauta. Siempre hay más de un camino para llegar a tu destino, solo hay que encontrar el apropiado.

Agnes

Durante su infancia, Agnes sintió una atracción cada vez mayor por la vida religiosa. Con el tiempo, tuvo la certeza de que su sueño era servir a Dios, y sabía que había varios caminos para conseguirlo.

....

Agnes Gonxha eligió el camino de renunciar a todo para cumplir su sueño. Incluso renunció a su propio nombre y adoptó uno nuevo: **Teresa de Calcuta.** Calcuta es la ciudad india donde fundó su congregación religiosa: en ella acogía a los pobres, con ejemplar humildad y diligencia.

¿Qué camino te conviene elegir para alcanzar tu sueño?
Un día que esté lloviendo y tengas que ir al colegio, busca el camino
más adecuado: con menos charcos que sortear; con menos tráfico
para evitar que los coches te salpiquen…

Un sueño, un plan

A cierto caballero inglés lo retaron sus amigos a dar la vuelta al mundo en ochenta días. Empresa difícil. Por tanto, requería un plan minucioso: el caballero detalló los lugares donde se detendría y en qué medio de transporte iría de unos a otros.

Émilie

Para Émilie estudiar fue andar el camino hacia la felicidad, porque el conocimiento le permitía comprender el mundo. Para poder aprender muchas cosas, se organizó muy bien desde la infancia: estudiaba largas horas y dormía lo indispensable.

....

Émilie du Châtelet aprendió matemáticas, física, metafísica, latín, griego, inglés, italiano y alemán. Tomó clases de equitación, esgrima y gimnasia. Sentía fascinación por la geometría y la lógica. Además, tocaba el clavicémbalo.

▾▾▾▾ ❓ ▾▾▾▾▾

¿Tienes un plan para alcanzar tu sueño? Consigue una caja de cartón, mete en ella una canica y cierra la caja con cinta adhesiva. Diseña dos planes diferentes para sacar la canica sin romper la cinta adhesiva. Escribe los pasos que vas a dar y las herramientas que necesitas.

La imaginación y la realidad

Ser realista no es dejar de lado la imaginación. Es más, esta es indispensable para que lo que uno desea se haga realidad. La imaginación nos hace ver qué posibilidades hay de conseguir lo que buscamos.

Mary

A los once años de edad, Mary visitó una cueva en cuyas paredes había imágenes, pintadas por personas que habían vivido allí miles de años antes. Parecía algo irreal, fantástico. Desde ese momento, deseó ser antropóloga para conocer el origen del ser humano.

....

Mary Douglas Leakey participó en varias expediciones en África e hizo importantísimos descubrimientos, como las huellas fosilizadas de un antiguo homínido bípedo de más de tres millones y medio de años.

¿El plan que tienes para alcanzar tu sueño es realista? Ponte una misión en casa. Por ejemplo, ir de una habitación a otra sin que nadie te descubra. Después, elabora varios planes para conseguirlo. Antes de ponerlos en práctica, pregúntate si son realistas o no. ¿Podrás ir hasta la otra habitación siendo invisible? ¿Podrás ir de puntillas evitando que te oigan? ¿Podrás…?

Más allá del esfuerzo

Se puede disfrutar hasta de aquello que nos supone un gran esfuerzo. Podemos entrenarnos en un deporte o estudiar una materia durante muchísimas horas y, más allá del esfuerzo que eso requiera, encontraremos la satisfacción de estar haciendo algo que nos motiva.

Maria

Maria fue una excelente alumna y no paró de adquirir nuevos conocimientos. Siendo una jovencita, ya había estudiado ingeniería y biología. Después de graduarse en medicina, siguió estudiando antropología, filosofía y psicología.

....

Maria Montessori, hace más de cien años, desarrolló un método educativo que todavía hoy utilizan muchos educadores en todo el mundo.

¿Cómo puedes disfrutar del plan que tienes para alcanzar tu sueño?
Pídele a una persona mayor que te ayude a preparar un postre.
Por ejemplo, fresas maceradas en jugo de naranja. Troceas las fresas
y, mientras tanto, te comes un par (mmm). Exprimes las naranjas
y, mientras tanto, bebes un poquito de jugo. (¡Qué rico!). Pones las fresas
a macerar... y esperas. Después de leer una buena historia, ¡a comer
el postre! Que estará más sabroso de lo normal porque lo has hecho tú.

¿ESTÁS ALCANZANDO TU SUEÑO?

Cada paso deja una huella

Papá hipopótamo deseaba participar en un espectáculo de acrobacias sobre la cuerda floja. Dada la exigencia del reto, se puso a dieta unos días. Sin embargo, enseguida comenzó a comer como de costumbre. El día del espectáculo, se miró en el agua del río y quedó boquiabierto: ¡Había subido de peso!

A veces no hacemos lo que nos habíamos propuesto. Puede ser por pereza, por falta de voluntad… o porque nuestros deseos han cambiado.

Dian

Dian se crio con un padrastro severo y poco afectuoso. Así que ella se volcó en los animales, buscando su cariño y aceptación. Trabajó duramente para conseguir dinero y poder viajar a África a ver de cerca los gorilas.

....

Con respeto y paciencia, **Dian Fossey** consiguió entablar una dulcísima relación con los gorilas de espalda plateada en las selvas de Ruanda.

¿Estás cumpliendo el plan que te has trazado para alcanzar tu sueño?
Este domingo haz una lista de las cosas que deseas hacer durante
la semana. El domingo siguiente, verifica qué propósitos has realizado.
Si hay alguno que no has llevado a cabo, reflexiona y averigua por qué.

Un plan... o dos

Un elefante se enamoró de una mosca. Por la mañana, por la tarde y por la noche, le susurraba poemas en la oreja. Pero la mosca no le hacía caso. Así que un día el elefante cambió de plan. Decidió hacerle cosquillas en la pancita. Y a fuerza de hacerla reír la conquistó. Si algo no sale bien, quizá haya que probar de otra manera.

Gerda

Gerda era una niña íntegra que sintió muy pronto el deseo de denunciar las injusticias. Desde muy joven, empezó a fotografiar la realidad que la rodeaba con el afán de difundirla, pero nadie compraba sus fotos. Así que cambió de táctica.

....

Gerda Taro y su compañero André Friedmann crearon un personaje nuevo: fingieron ser un famoso fotógrafo llegado a Europa desde Estados Unidos. Gracias a esta triquiñuela, pudieron difundir su magnífico trabajo como fotoperiodistas.

Para alcanzar tu sueño, ¿necesitas cambiar de plan? Durante una semana, intenta memorizar el nombre de veinte países. Después, escribe todos los que recuerdes y guarda la lista. Elige otros veinte países y busca una nueva táctica para memorizarlos. Cuando acabe la semana, anota los que recuerdes. ¿Qué estrategia funcionó mejor?

Plan de goma

Un buen plan debe ser de goma, flexible, para poder adaptarse a las circunstancias. Imagina a una persona que sueña con entender el mundo de los insectos y que ha elaborado un plan para investigarlos en su jardín. Si su familia se muda a un apartamento, su plan le será poco útil. Entonces, lo ajustará y se pondrá a investigar los insectos de un parque cercano.

Sixto

La infancia de Sixto fue muy pobre en cuanto a bienes materiales, pero él cultivó una gran riqueza en su interior. Lo que muchos veían como un sueño (ser jardinero, albañil o alcalde), para él era un medio de hacer realidad el suyo: disfrutar de una vida honesta, humilde, armónica… Una vida en la que él pudiese cantar después de su jornada laboral.

....

Sixto Rodríguez alcanzó su sueño dos veces. Una, sin saberlo. Mientras él trabajaba como obrero, millones de personas escuchaban su música al otro lado del mundo, en Sudáfrica. Décadas después, en 1998, cantó para esa misma gente sobre un escenario.

▼▼▼▼ ❓ ▼▼▼▼

¿Cómo puedes mejorar el plan que tienes para alcanzar tu sueño?
Imagina que deseas tomar una manzana que pende de una rama lejana.
Piensa cómo lo harías en situaciones diversas: si tuvieras una cuerda,
si tuvieras un palo, si tuvieras superpoderes, si no pudieras ver…

Sueños de colores

La capacidad de soñar nos hace creer que todo es posible. Y si creemos que todo es posible, probablemente lo sea. Los sueños nos permiten colorear la realidad de mil maneras diferentes.

Georgia

A los once años, Georgia decidió que sería artista. Desde entonces, fue dando pasos para alcanzar su sueño. Tomó clases particulares de acuarela, visitó exposiciones, estudió, se reunió con otros artistas… Incluso dejó de pintar durante un tiempo para averiguar qué deseaba plasmar en sus cuadros; para averiguar con qué soñaba en realidad.

....

Actualmente, las coloridas obras de **Georgia O'Keeffe** alegran y maravillan la vista de los espectadores en museos de todo el mundo.

Pase lo que pase, no dejes nunca de soñar.

DISFRUTA
DE TU SUEÑO

¡Tu opinión es importante!

Puedes escribir sobre qué te pareció este libro a
miopinion@vreditoras.com
con el título del mismo en el "Asunto".

Conócenos mejor en: www.vreditoras.com
 facebook.com/vreditoras